佐々木中
Ataru SASAKI

万人のための哲学入門

An Introduction to Philosophy for Everyone

この死を謳歌する

草思社

序

今、私は二〇二四年の夏にこれを書いています。そちらはいつでしょうか。次の年の春でしょうか、一年後の夏でしょうか、それとも数年後の秋でしょうか、それとも数十年後の冬でしょうか——私の死後、もはや私が知ることのない夏でしょうか。

本を書くということは不思議なことだといつも思います。この本がいつあなたのもとに届き、読まれているのか私にはわからない。あなたはどこで今この本を手に取っているのでしょう。新刊書店なのか、図書館なのか、それとも家族の誰かの書庫なのか。この本はどのような相貌《そうぼう》をあらわにしているでしょうか。インクの匂いがしそうな新刊の相貌でしょうか、擦り切れた古本の相貌でしょうか、それともタブレットに映る電子書籍の相貌でしょうか。――そもそも、私にはあなたが誰なのかも全く知ることができない。

一応、この本は「哲学入門」と題されているわけですから、何かしら哲学ということに興味がおありなのかなとは思います。しかし――、「哲学」という日本語はフィロソフィ（philosophy）を西周《にしあまね》が翻訳したものであって、当初は「希哲学」と訳されていたとか、そもそも哲学とは「知を愛する」ことであってその動詞の用法はヘロドトスの『歴史』に出てくる小アジアのリュディアの首都サルディスを訪問したギリシャの賢人ソロンに対して国王クロイソスが述べた言葉が初出であるとされているとか、形容詞の用法はそれより古くヘラクレイトスが述べているとか、あなたはそういうことが聞きたいのではないのではないか。

哲学入門を書くことになり、私も「哲学入門」と題する本を何十冊か読んでみました。すると、それらが大体二つのパターンに収まることがわかった。つまり、一つは「コンパクトな哲学史」とでも呼ぶべきもので、もう一つは「問題集」と呼ぶべきものです。

「コンパクトな哲学史」の方は、その名の通り圧縮された哲学の歴史の叙述です。古典ギリシャ時代から始まりカントからヘーゲル、ハイデガーへと哲学が経《へ》巡《めぐ》って来た歴史を短く辿り直して見せるものである。これはいわゆる大陸哲学系の著者に多いようです。

もう一つの「問題集」の方は、「心身問題」や、「自由意志の問題」、「神の論証の問題」などの伝統的な哲学的問題を列挙し、著者が自分なりの回答を与えて見せるものです。これはいわゆる英米哲学系の著者に多く見られます。

もちろん、そうした本を読んで勉強にならないわけではないでしょう。しかし、繰り返します。あなたはそういうことが聞きたいのではないのではないか。

――この本は、そんなあなたのために書かれた本です。

とはいえ、繰り返します。私はあなたのことを何も知らない。ですが、一つあなたのことを当てて見せましょう。どんなにあなたが隠そうとしても、あなたのことを一つだけ確実に当てられる。そのことを私は知っています。

それは、あなたが死ぬということです。

さて、私たちの哲学入門は、ここから始まります。

万人のための哲学入門　この死を謳歌する——目次

万人のための哲学入門

この死を謳歌する

生まれてくることを選べない

あなたは死ぬ。そして私も死にます。あなたがこれを読んでいるとき、すでに私はこの世のものではないかもしれませんが、どうでしょうか。

しかし、それだけではありません。

人間は生まれてくることを選べません。それなのに、生まれてきた以上は死ななければならないのです。こんな理不尽なことがあるでしょうか。

自分が生まれてくる前に、「生まれますか？」「生まれていいですか？」と聞かれて、イエスと答えて生まれて来た人は誰もいない。さらに、どこに、どの時代に、誰を親として生まれるかすら全く選べない。そしてまた、人間というものは不思議なもので、死んだこともないくせに死ぬのは怖いわけです。何も許可した覚えはない、同意した覚えはないのに産み落とされ、生まれてきて、そして生きている以上はいつか死なねばならない。

「とりあえず」と「たまたま」

その生きているあいだ、自分の人生のヴィジョンというようなものはなかなか立たない。私は大学で教えていて、学生から「卒業後のヴィジョンが立たない、どうすればいいか」という相談をよく受けるのですが、ただ人生は「とりあえず」と「たまたま」で出来ている、としか答えようがない。つまり偶然である、ということです。だから、「とりあえず」目の前のことをしっかりやっておかないと、「たまたま」幸運にもチャンスが巡って来た時にものにできないよ、というようなことを言っておくことにしています。

例えば——クリント・イーストウッド監督の『15時17分、パリ行き』をご存知でしょうか。これはとても変な映画なんですね。まず観ていると、役者がなんだかとっても——上手くないんです（笑）。実はこれ、この映画の元になった或る事件の当事者、本物の当事者に役者として演じてもらっているからなんですね。

主人公のカリフォルニアに生まれた少年スペンサーは、シングルマザーの元に生まれ、ＡＤＤ（注意欠陥障害）と教師に告げられ、いじめを受けて転校を余儀なくされています。しかし仲の良い友人が二人できて、この二人との別離と再会を経て青年になっていく。

　青年となったスペンサーはまだ何も成し遂げたことがない。「とりあえず」一念発起して体を鍛え、ダイエットに成功して憧れの軍に入るわけです。空軍のパラレスキュー隊を志望するのですが、奥行知覚試験に合格できず、「たまたま」ＳＥＲＥ指導員に配属になる。これは戦闘や事故によって脱出せざるを得なくなった兵士に対して、サヴァイヴァル能力と捕虜にされた時の対処方法を教える役目なんだそうです。「人生で初めて努力したのに挫折した」と彼は嘆くのですが、仕方がないので「とりあえず」その訓練をしっかり受けている。すると「たまたま」柔術の訓練があって、「とりあえず」それに取り組んでいる。すると「たまたま」自分がポルトガルに配属になっているので、古くからの友人二人を「とりあえず」一生に一度かもしれないヨーロッパ旅行に誘って、欧州周遊の末、ベルリンに着く。で、どうもフランス人は意地悪らしいという話を聞いていたり、旅先で出会った女性にあなたたちにパリは合わないかもしれないと告げられたりして、予定通りフランスに行くかどうか迷っている。そこで「たまたま」バーで会った老人にパリは最高の街だよと告げられて、「とりあえず」アムステルダムからパリに向かうことにする。パリ行きの列車のなか、そこで「たまたま」列車に乗り合わせたテロリストに遭遇するわけです。「とりあえず」――という言葉がもう似つかわしいかわかりませんが――培ったサヴァイヴァル能力と柔術でそのテロリストたちを取り押さえ、撃たれた男性に救急処置をする。

そして一夜にして彼らはフランス政府からレジオン・ド・ヌール勲章を授与されるヒーローになる。実際にあった「タリス銃乱射事件」です。

ここには一定の「ヴィジョン」に沿って「目的」を定めて「計画」し、「成功」に至って「幸福」を得るといったことはないわけです。これを読んでいるあなたの人生もそうだと思うんですね。何かに志して目的を決めたようでいても、その目的に至ったのは「たまたま」の出会いからだったりする。幸運にも前々から望んでいた地位に就けたとしても、それは「とりあえず」身につけていた知見がものを言ったからだったりもする。人生は「とりあえず」と「たまたま」で出来ている。私が依頼されてこうして「哲学入門」を書いているのも、まあ「たまたま」で「とりあえず」なのかもしれません（笑）。

でもね、これはなかなか寄るべない、頼りないことであるわけです。例に取った映画の主人公も、基本的に当初の目的は達成していない。「たまたま」挫折している人生を「とりあえず」送っている。そして、われわれが「とりあえず」身につけた知見や技量を、パリ行きの列車の中の彼のように「たまたま」全面的に発揮できるチャンスというのは、万が一、くらいしかない。「とりあえず」額に汗して努力して積み上げてきたことも「たまたま」無益になることの方が多いだろう。それでも人生は「とりあえず」と「たまたま」しかない。

繰り返し言いましょう。人間は生まれてくる場所や時代、状況どころか「生まれてくるか否か」すら選べないのです。なのに、生まれた以上は死ななければならない。それだけではありませんね。人間は「死に方」すら選べないのですから。国家のために雄々しく死ぬはずが、飢えて犬死にする。自分の意思で安楽死するはずが、途中で死にたくなくなる。ところが意識が判明な時の意思とは見做《みな》されず、抵抗しているのに筋弛緩剤を打たれて「殺されて」しまう――こういったことは実際にあることです。

そのような定めのなかで生きなければならないのは、「とりあえず」と「たまたま」しかない、目的も計画も立たないような「寄るべない」生である。やはりこれは随分理不尽なことではないか。

そうですね、もちろん「たまたま」生まれてしまったのだから「とりあえず」元気に生きてみる、ということも出来ます。良き人生を送っている人はみなそうしている。ただ、そこにはやはりある種の理不尽さ、生そのものの理不尽さというものがあることは否めないでしょう。「たまたま」権力者の息子に生まれたので「とりあえず」世襲議員になってみる、理不尽さなど感じたこともない、というはた迷惑かつ無神経な人も多いのでしょうが、そういう考えなしの人々のことは例外としておきましょう（笑）。

哲学とは死を学ぶこと

そもそも何かのために生まれた人などいません。人生に目的はない。ないからこそ、目的を設定する余地が生まれてくるわけで、初めから自分に断りもなく目的が設定されている人生があるとしたら、それは奴隷の人生です。

もちろん、「幸福になるために生まれてきた」と言うことはできるでしょう。しかしこの幸福という概念は極めて曖昧《あいまい》なものです。「幸福とは何か」という問いは「上とは何か」という問いと似ている。いま仕事場でこれを書いている私にとっての「上」と、エヴェレスト登頂中の人の「上」では、全く違う場所を名指していることは明白です。幸福とはこのように人によって全く違う。一般的に幸福について論じることが、果たしてできるのかどうか。哲学者カントが、「幸福になることはできない、幸福に値する人間たらんとすることができるだけだ」と言ったのも当然と言えるでしょう。

のっけからこのようなことを言うと、「なるほど哲学者というものは陰鬱《いんうつ》なものであるな」とお思いになるかもしれません（笑）。確かにそれはそうなのです。ソクラテスは「哲学は死の練習」と言いましたし、モンテーニュも「哲学は死を学ぶこと」と言いました。それは死を恐れないようになるために、です。エピクロスやスピノザ、ニーチェは、「自分の死を経験することはできない、死んだ時には自分はいないのだから、死を恐れる必要はない」と言いました。どちらにせよ、同じです。死を恐れないようになるためとはいえ、人間は生きている以上死ななくてはならないという、このことについて目を背ける態度こそ、哲学失格と言わざるを得ない。

そしてあなたが「哲学的」な問いに目覚めたのは、――「哲学入門」を手に取って読み始めたということは、すでにあなたは「哲学」の圏内に居る、一人の哲学者なのです――子供のころ、「死」に触れたその瞬間ではないでしょうか。

私の友人の姪《めい》っ子が、ある日突然泣き出したのだそうです。「お祖母さんもお祖父さんもお母さんもお父さんも叔母さんも叔父さんも、みんないつか死んでしまうんだ」と言って。「私が一番年下だから、私だけが取り残される」と言うわけです。友人は、「今度はあなたがお母さんやお祖母さんになるのだから、一人だけ取り残されるということはないのだ」と言って慰めた。しかしそれは「みんなと同じようにあなたも死ぬんだ」と言うことと同じです。ひとが「哲学的」な問いに目覚めるのは、いつか他人も死に、そしていつか自分も死ぬことを知ったその瞬間であると言いましたが、これを読んでいるあなたは、いつ「自分もいつか死ぬのだ」ということに思い至りましたか。しばし考えてみてください——。あなたは確実に誰かに取り残され、誰かを取り残して消えるのだということに。

複製の生、劣化コピーの欲望

別の角度から見てみましょう。たとえばある人がパリのルーヴル美術館にかのレオナルド・ダ・ヴィンチの名画『モナ・リザ』を見に行ったとする。かけがえのない体験だ、といたく感動してそれを友人に語るなり、ＳＮＳにアップするなり、何なりするとしましょう。人によってはメディアでそれを語ることもできるかもしれません。するとそれは突然――その「かけがえのなさ」を失い、極めて月並みな「よくある話」になってしまう。実際、そこらに転がっている陳腐で平凡な話に過ぎなくなる。

いや、その『モナ・リザ』を見たいと思ったその欲望の真摯さは疑い得ない、と反論しても無駄なのです。ルーヴル美術館のあの一室で『モナ・リザ』を見た時に、それが『モナ・リザ』だとわかったのは何故ですか。それは『モナ・リザ』の複製をあらかじめ見ていて、それと似ているからに他ならない。欲望の対象も複製なら、「ルーヴル美術館で『モナ・リザ』を見たい」という欲望そのものも複製、他人の欲望の「劣化コピー」でしかない。

「バケットリスト」というものがあるそうです。つまり、100なら100個の「死ぬまでにしたいこと」を書き連ねておくリストのことです。そこにはいろいろなことが書かれることでしょう。「ナポリに行きたい」「素敵なビーチリゾートで恋人と過ごしたい」「サーフィンを習得したい」「バルセロナでガウディのサグラダ・ファミリアが見たい」云々。それらの「欲望」はそれなりに真摯であることは認めざるを得ないでしょう。なにしろ「死ぬまでに」したいことなのですから。

しかし、それらの欲望はみな他人の欲望の劣化コピーでしかあり得ません。他人の誰かがしたいと思ったから、そして他人が羨むであろうから、それがしたいわけです。十九世紀の哲学者ヘーゲルの言葉を借りれば、常に「欲望は他人の欲望」です。それは全ての欲望がある意味で「他人の欲望」に「汚染」されているということを意味します。自分だけの、かけがえのない、オリジナルな欲望など存在しない。その欲望から発するあらゆる「体験」も、どこか借り物の、他人の欲望に発する「複製」である。そこでは「かけがえのなさ」というものは消失する。

これを読んでいるあなたにとっても、これを書いている私にとっても、残酷な事実を一つ言いましょう。この本を書いている私にとって、あなたがあなたである必要はない。かけがえのない「あなた」である必要はない。そもそも不特定多数に向かって書いているわけですから、あなたがあなたでなくても、他の誰かでも一向に痛痒を感じない。ひどいことを言う、とお思いでしょうか。しかし、あなたも、私が私でなくてもいいはずです。哲学に興味をお持ちになり、この本を手に取って読み進めている。しかし、その著者が佐々木中というこの私である必要はないはずです。他のどこかの誰かで一向に構わない。佐々木中という男の「かけがえのなさ」など、薬にもしたくないはずです。もし私が「サーフィンを習得して素敵な恋人と出会ってビーチリゾートで過ごしたので、次はナポリに行きたい」などとここで書き始めたら、そんな「よくある話」は全くどうでもいいとお思いになるでしょう。私もそう思います（笑）。

――こうして、われわれは一人一人「かけがえのない」存在であることを失い、「取り替えが利く」存在に成り果ててしまっている。これは避けようもないことです。

話を戻しましょう。「言語」という根本的なメディアからSNSまで、メディアに乗せてしまったら最後、全ての欲望も全ての体験も「劣化コピー」になってしまう。その「かけがえのなさ」を奪われてしまう。どこかで聞いたメロドラマめいた話になってしまう。しかし、それだけではない。すべての体験が「共有」「シェア」されることによって、その「共有」自体が陳腐なものになっていく。「かけがえのない仲間たちと、かけがえのない体験を共有した！」ということをSNSで「共有」した途端、それは全く陳腐で凡庸なものでしか無くなっていくわけです。そこで消失するのは「固有性」のみならず、「共通性」の「固有性」です。自分自身の体験の「かけがえのなさ」のみならず、誰か他人との体験の「かけがえのなさ」も消えていく。自分自身に「固有のもの」も、他人と「共通のもの」も奪われる。こうして、われわれは全面的に「劣化コピー」の生を生きざるを得なくなる。このような世界のなかで「個人的な体験の告白」や「かけがえのない仲間たちとの熱い体験」の意味も無くなっていかざるを得ない。そんなよくある「ドラマみたい」な話をされても困るわけです。

「自分自身の死」

ところが、――一つだけある。自分自身にのみ固有であって、なお万人に共通する体験が一つだけある。

おわかりですね。それは死です。

自分自身の死は自分だけのものです。誰もあなたの代わりに死ぬことはできない。あなたの死はあなたが死ぬしかない。それは複製の死でも劣化コピーの死でもあり得ない。真正な死である他ない。「身代わりに死ぬ」ということもあり得ないわけです。海で溺れている子供がいるとする。あなたは勇気をもって海に飛び込み、その子供の命を救う。しかしあなたはその子供を救ってその代わりに溺れ、息絶えてしまう。その子供の身代わりに死んだ、ということになるでしょうか。違います。なぜなら、その子供もいつか死ぬからです。あなたが死んだからといって、その子供が死ななくなるわけではない。

そしてまた、万人が死ぬわけです。死なない人はいない。死こそ、その「かけがえのなさ」をそのままに、万人に「シェア」されている唯一の体験です。

これを書いている私は、あなたが読んでいる時に死んでいるかもしれません。私の死は確実ですから。明日どころか、今キーボードから離れたら死んでしまうかもしれない。いや——、何とかこの本を書き終えてあなたに届くまでは生き続けたいと思いますが。

私の死は私が死ぬしかない。あなたの死はあなたが死ぬしかないように。こうして死は「共有」されている。断絶をそのままに、死においてわれわれは初めて共通のあり方をする。

そこでわれわれが警戒しなくてはならないことがある。それは「死の搾取」ということです。どういうことか。

「死の搾取」

むかし、オウム真理教というカルト教団がありました。「地下鉄サリン事件」といって、彼らはサリンというナチス・ドイツが開発した化学兵器を東京に撒いて、無差別殺戮をしようとしたんですね。しかもこのサリンという毒物は殺傷能力が極めて高く、開発したにもかかわらずあのナチスすら使用をためらったというもので、いかにこのカルト教団が狂っていたかおわかりでしょう。

実は私はその当時大学生で、事件当日、少し遅れて自宅から出て大学に向かっていました。すると最寄りの地下鉄が封鎖されていて、そこで事件の発生を知ったのです。もし遅れていなかったら、私も被害者の一人だったかもしれません。

そのオウム真理教が信徒を洗脳するために使っていたヴィデオを私は見たことがある。それは大量死の、大量虐殺のイメージと共に、「いつか死ぬ、必ず死ぬ、絶対死ぬ。死は避けられない」というナレーションが延々と繰り返されるというもので、これを強制的に聞かせて信徒を洗脳していった。

つまり、「死は確実で、死は避けられないのだから、残されたわずかな生を『尊師』に捧《ささ》げなくてはならない。それが価値ある生である」という理屈ですね。これを叩き込む。かくして彼らは凶行に走っていったわけですが――さて、これがカルト教団だけのものか。

死ぬことは確実であって、生は限りあるものである。だからこそ生は価値があり、死の自覚があるからこそ「生き生きと」生を生きることができるのだ、という理屈は、薄められていくらでも安売りされています。自己啓発でも何でもよろしい。ただ、死を定められた生が有限であり、有限だからこそその生には「意味」があり、「輝く」のである、つまり「死においてこそ生に意味が与えられる」。この言い口は、「国家」が最も多用してきた文言ではないでしょうか。

個々の人間は死を自覚し、有限な生を生きることしかできない。が、有限であるが故にかけがえのない生なのであって、その生を高度の価値を体現する

「国家」のために犠牲にするのならば、個々人の生死を超えた有意義な「永遠の生」に参加することができる。曰く、「祖国のために死ぬこと」（エルンスト・カントロヴィッチ）。

ひとの生は限りあるものです。「死なくてはならない」という点で取り分けてそうである。しかし、例えばあなたが戦争に行って死んだとしましょう。国家はあなたの死を「尊い犠牲」であるとして称揚し、あなたの死を礎としてこそ今のわれわれ、「国民」が存在するのだと言うでしょう。つまりあなたの生死に否応なしに「意味」が付与されるのですね。これは日本に限らず、あらゆる国家で見られることです。国家や民族というものの「生」は個々人の生よりも「永遠」に近いですから、安んじてあなたの生はその永遠に近い生と一体になることができる。そこで生の有限性や死は乗り越えられるかのようである。しかし、どうでしょう。国家は自らの「崇高な」地位を保つために犠牲を必要とするのではないのか。

繰り返しましょう。国家は戦没者を独占的に集約し、彼らを記念する「祭《さい》祀《し》」を組織することによって、こう語ります。「尊い犠牲のおかげで、今の平和があるのだ」「犠牲になっていった多くの人たちのおかげで、今のあなたがあるのだ」。このような発話は、「だからあなたも国のために犠牲にならなくてはならない」と続けられて、さらに犠牲を広げるための格好の文句となる。国家は、犠牲を必要とし、犠牲者たちを土台にして広がり、犠牲となることを礼《らい》賛《さん》することによって自らを存続させる。

ナポレオン・ボナパルトは「兵士は殺されるために作られる」と言いましたが、まさに殺しもする代わりに「殺されるため」にある兵士は国家の永遠性や崇高性をいや増すために「作られる」のです。フリードリヒ・ニーチェが国家は「神々しい栄光を放つ装飾品を鳴らして走る」「死の馬」を発明し、そしてまた「多くの者のための死を」発明すると述べた通りです。

無論、国家による戦没者の「祭祀」は、戦没者を永遠に記憶にとどめるために行われるのだと言われる。もう一度ニーチェを引用しましょう。「国家が吐くことは、すべて嘘だ」。そうですね。それは「殺されるために作られる」「兵士」の悲惨な死の実態を覆い隠すという意味で逆に「忘却」のために行われる。ばかりか、「殺されるために作られる」側と、「殺すために作る」側の、つまり「兵士を送り出した」側の階級的な差異を解消してしまう。国家が特権的に集中して掌握しようとする犠牲者の祭祀は、逆に犠牲者一人一人の「死」を「搾取」するものに他ならない。

また、兵士の遺族は家族が戦争において「無意味」な死を遂げたと考えたくはない。その喪失を「より高い価値」のもとで正当化したいと思うのは当然でしょう。自分の子が死んでいったのは「お国のため」であり、その死は輝かしく栄光に満ちたものであってほしい——。その切なる思いがまた、犠牲を必要とする国家の思惑と結託することにもなるわけです。かくてまた「死の搾取」が強固なものとなる。

死と宗教

さて、死の確実性から有限性の自覚へ、そこから「跳躍」して大いなる大義や偉大なる国家のために死ぬこと、という危険な通り道がありうるということについてお話ししてきました。「ひとは死ぬ時は一人」とよく言います。そのような孤独な個々の卑小な死を超えて自らの死を「殉死」に変えること、それによって個々のみじかい生命を超えた「永遠なる生」に参画していくこと。これは言うまでもなく、極めて「宗教的」な事柄です。

キリスト教、ユダヤ教、そしてイスラームといった一神教では、天国における「永遠の生」というものが存在するとされている。まず人々は自らの個々の死を死ぬ。そしてやがて「最後の審判」が行われてそこで復活し、天国に行ってそこで永遠の生を得るのだ、というわけです。

よくよく考えるとこれはとても奇妙なことを言っている。そこでは、「真の生」すなわち「永遠の生」に至るためには、前提として「死」が必要になるんですね。生と死が重ね書きされていると言っていい。そしてどの宗教を見ても、

「天国における永遠の生」の描写は何か曖昧です。妙《たえ》なる音楽が流れているとか、若い見た目を保てるとか、天女がおもてなしをしてくれるとか、どうも通俗的で困る（笑）。

いや、困るというよりも、それはリアルな生とかけ離れていて、運動や変化を剝ぎ取られていて、何か作り物めいている。もっとはっきり言えば、その「永遠の生」は、死んでいる。それは、あまりに死に似ているわけです。

仏教はこれと真逆です。ご存知の通り、仏典でも「死」の勝利は歌い上げられる。あなたは死に、愛する者を誰も死から救うことはできない、朝道を歩いていた人が、夕にはすでに死んでいる――と、延々と語られるわけです。そこでは「死の確実性」がやはり繰り返し語られる。しかし、それでも原則として仏教では、個々の死は極めて「軽量化」されていると言っても過言ではない。というのは、「輪廻《りんね》」という考えが前提にされているからです。私は死ぬ。そして来世、一匹の蚊に転生するとしましょう――そんな罰を受けるほど悪いことをした覚えはないのですが、一応そうしておきます（笑）――しかし、蚊であっても、生きていることには変わりない。死は即座に次の来世の生へ転換してしまい、結局は生の連鎖が続くことになる。ただし、ご存知の通り仏教では「一切皆苦《いっさいかいく》」と言って生は苦しみなのです。ここに復活の歓びはない。復活による苦しみの延々たる引き延ばしだけがある。

この「仮の死」から「次の苦しみの生」への連鎖から解き放たれ、「真の死」を死ぬこと、つまり「解脱」して「涅槃《ねはん》」に至ること。つまり二度と生まれ変わらないこと、「二度と母胎に入らないこと」。これが仏教の「ストーリー」なんです。つまり、「個々の死」の彼方に「永遠の生」がある一神教と違って、「個々の死」の向こうには「来世の生」があり、さらにその彼方に「永遠の死」がある。

こう述べてくると、いわゆる「宗教」においては「生」と「死」がつねに重ね書きされていて、生と死が何か同じもののような印象を与えるかもしれません。

この違和感をここではそのままにして、次です。

不確実な私の死

ここに問題が浮上します。「死」とはそう確実なものかどうか、という問題が。たとえば私が自殺するとしましょう——なんだか死んでばかりいますが（笑）——そうですね、簡便に首吊り自殺を選ぶとして、それでもまず色々準備しなくてはならない。

まず、ネットの通販でロープを検索する。と、これは自殺に丁度いいロープである、と仄《ほの》めかすレビューが書かれていたりする。まさか実行してから書いたのではないでしょうから、まあ参考程度に留めておく。ロープだけではなく、首吊りのためには台座も必要です。賃貸マンションの大家さんに迷惑をかけてもいけませんから、近くの公営の公園で決行したい。持ち運びに便利なように、折りたためる椅子のようなものを買っておく。だいたい首を括《くく》ってから三十分見つからなければ、確実に死ねるらしい。ならば中途半端に見つかって障害が残る人生を送るよりも、見つからないで三十分吊り下がっていられる、真夜中が良いであろう。すると、何か懐中電灯のようなものも必要かもしれない——

などなど、いそいそと準備をしてカレンダーの決行日にバツ印でもつけておくわけです。それでひっそりと棲家《すみか》を抜け出して、夜の闇の中ふさわしい枝ぶりの樹木を見つけて、首を括るべくロープを結ぶ。椅子を置く。首をかける。椅子を蹴る——と、急に事態は一変する。

私は確実に死にたかった。行動を確実に行うということは、その行動を「し終わる」ことを確認するということです。図書館で本を借りて、返した記憶がなく、返し「終わる」ことが確実ではないのなら、それは「本を返した」ことになっていません。それと同じで——しかし、では自殺し「終わる」ことはできるか。

みずからの屍体を見て、観察し、その死を確認することはできません。それは絶対的に不可能なことです。ここまで来れば、これが「自殺」に限らないことはおわかりでしょう。私は私の固有の死を死に終わることができない。つまり私は死ぬことができない。

ゆえに、「お前は確実に死ぬ。だからその生を捧げよ」というような理屈は実は成り立たない。

こう言いましょう。死とはつねに「他人の死」であり、そこで死ぬのは不特定の「ひと」である、と。実際、われわれが体験するのはつねに「他人の死」なのです。自らにだけにしかない自らの死を体験することはできない。さらに、あなたがあなたの死を死に終えることができるのは、つねに他人のまなざしを通して、他者の確認を通じてに他なりません。

哲学の伝統的な問題があります。たとえば私が青色をあなたに示して、これは青色であると述べたとしましょう。あなたは無論同意する。青は青である。しかし、私とあなたが本当に同じ色を指して青色と言っているか、確証できるでしょうか。全く別の色を「青」という名称で呼んでいるだけなのかもしれない、その可能性は拭いされない。

このように、色彩のような基本的な認識においてさえ、個々の人間同士の体験は「シェア」され得ないのかもしれない。青色を目の前にしたわれわれは、こうして眩暈《めまい》がするような端的な、乾いた「孤独」の中にいることになるわけです。そしてまた、死においても人は孤独に死ぬとされてきました。先ほど述べた通り、「人は死ぬ時は一人」です。

しかし、実は他者がいなければ「私」は死ぬことができない。死に終えることができない。そこでこそ主体の孤独はあがなわれなくてはならないし、そして、「葬礼」というものが人間の世界から無くならない理由もそこにある。

葬礼、文化の起源

ここで問題となるのは、その「葬礼」をどう考えるか、ということです。繰り返さなくてはなりません。葬礼あるいは弔いの儀式というものは、犠牲を必要とする「国家」に極めて利用されやすい。国家のために犠牲になっていった兵士たちへの服喪こそ、国家の儀礼の枢要なものであり、国家がその権力を揮《ふる》うために必要不可欠なものであるからです。だからこのような「私の死の不可能性」を目の当たりにして、葬礼が何か「当を得ない」ものであることはあり得ます。しかし、私は葬礼自体には何もやましいことはないと思います。葬礼が当を得ないものであるのは、国家に、そして国家の「犠牲の必要性」に利用され、「死の搾取」がなされる時だけです。

実際、人類の文化の端緒には「葬礼」がある。動物でも人間に親近な種であれば、仲間の屍体を前にして悲しみのようなものを示すことがあるそうです。が、結局はその屍体を置いたまま立ち去ってしまう。しかし、人間は太古の昔から死者を弔うことに力を注いできました。動物も道具を使用する。言語と呼べるかどうかはともかくとして、単純な記号の使用も行う。しかし、弔いの儀式を行うのは人間だけだと言えるでしょう。発掘調査によって墓が発見され、手厚く葬られた跡が見つかった時に初めて、人類は「文化」と呼びうるものを持っていたとされる。そこには装飾品や呪物など様々な副葬品が埋められていて、おそらく歌や踊りや祈りが捧げられたことでしょう。そこに文化の起源を見てとることは、全く不当なことではありません。逆に、われわれが本当に「文化」を失う時があるとすれば、親しい人の死骸を生ゴミに出して何の痛痒《つうよう》も感じなくなる時でしょう。葬礼が「屍体処理」に切り詰められてしまう時と言えばいいでしょうか。当然、そのような時が来ていいとは思いません。

一部の哲学者、「生の哲学」と呼びうるであろう哲学を信奉する哲学者たちは――現代にもたくさんいます――死の儀礼の実践や死そのものをとても嫌い、蔑《さげす》むんですね。しかし、です。

私が十五歳の時から憧れ、その謦咳《けいがい》に接し得た作家がこの世を去ったのが四年前でした。葬式はごく内々に済まされ、参列は叶いませんでした。それ以前から様々なアクシデントから不調を抱えていた私は、その作家の死と同時にうつ病と診断され、執筆活動はおろか勤務先の大学を休職せねばならなくなりました。三年のあいだ死の想念に取り憑かれ、一時期は誰か私を殺してくれないものかとまで思いました。と、ある時、遺族の方から形見としてその作家の勉強ノートが送られてきたのです。一冊は、漢詩から丁寧に採った漢字のノートで、もう一冊は、古典ギリシャ語とドイツ語を対訳にした単語帳でした。ノートは日付も新しく、老年に至るまで勉強を続けていたその姿が見えるようでした。

その前後から私は急速に回復に向かい、今こうしてものを書けるまでになりました。もちろん、その形見は大事にしています。――こうしたことが、蔑まれる謂《いわ》れはないと思います。

儀礼の問題

そもそも、葬礼のみならず、「儀礼」というものが人間社会から排除できるものかどうか、これは極めて疑わしい。私は儀礼や儀式が大嫌いで、入学式にも卒業式にも結婚式にも出たことがないのですが（笑）、儀礼の重要性はどうしても否定できないと思う。これはやはりニーチェの『道徳の系譜』が切り開いたと言っていい問題系ですが、テクストそのものよりも実地に即して論じましょう。

ざっくばらんに言えば、儀礼は教育であり、教育は儀礼なのです。もう少し強い言葉を使えば「調教」とも言える。儀礼とは、「感性的な反復によって『主体』を形成する」手続きと言っていい。これは何も難しいことを言っているのではない。

「わ」なら「わ」という文字がある。これを正確に「わ」と書けるようになった幼少のことを思い出してくだされば良い。「れ」でも「る」でもなく「わ」と書けるようになるには、実際に鉛筆を握り、手本にしたがって反復して覚えたはずです。「わ」が「わ」というこの形でなくてはいけない理由は、実はない。実はないからこそ、それは反復され、身体に「叩き込まれ」なくてはならない。こうして日本語が書ける「主体」が形成されていくわけです。

近代の曙《あけぼの》、ヨーロッパ諸国で「近代国家」が「公教育」を我が物にしようとしたときに、抵抗したのはキリスト教でした。無論、「教育」は儀礼そのものであり、宗教の領分だったからです。現在でも、宗教法人が学校を経営していますね。キリスト教系の学校も、仏教系の学校も、神道系の学校もある。それは、宗教がかつて占有していた「儀礼」が、そもそも「教育」そのものだからです。

これは個別研究があるのですが、日本においても明治時代、徴兵制が敷かれるまでは、みな直立不動で立って行進するなどということは全然できなかったそうです。みんなフラフラしていたのに、兵隊に取られて帰ってくると様子がよろしくなる、キリッとする、などと民間で言われていたそうなんですね。これは軍隊という権力装置が「儀礼」の反復によって「国民」の身体を削り出していったということに他なりません。無論、それはナポレオンの言う通り、「殺される兵隊の身体」でもあるのですから、一概に良いこととは言えません。

ここで重要なことがもう一つある。それは儀礼には「眼差しの交錯」が必要だということです。これは先ほど述べた通り、すでにニーチェが明晰《めいせき》に語っている論点です。つまり、儀礼の場には「見られる崇高な対象」が必要である。国旗でもいい、「御真影」でもいい、あるいは葬礼の場であるならば遺影でもよろしい。「観閲式」なら軍の総司令官や王、皇帝みずからの身体そのものがそれにあたる。

そこでそれを「見る」個々の身体たちは、逆に「見られる」ことになる。すなわち「監視」のもとに置かれるわけです。これも特に難しいことではありません。儀式に参列すれば自らの挙措や服装が礼式に適《かな》っているかどうか、「人の目」が気になるでしょうし、観閲式に参加する兵士なら直接に総司令官に

「見られる」わけです。学校でも運動会その他の行事という儀礼の場において、みなさん国旗や校旗を仰ぎ見て、教師たちの「監視」のもとに置かれていたことに気づくはずです。いや、そもそも教室で「わ」という文字を練習していた時ですら、監視はあったはずでしょう。

なんだかすごく嫌なものですね、儀式というのは（笑）。わかります。私もこういうものが嫌いすぎて高校を中退してしまった人間ですから、その気持ちは本当によくわかる。しかし、こういう支配者の権力とその儀礼に反抗し、蜂《ほう》起《き》しようとする側にも依然として儀礼が必要なのです。旗が必要であり、歌が必要であり、シンボルが必要であり、バッジやマーク、ロゴが必要であり、スローガンが必要であり、統一された衣装が必要であり、ダンスをはじめとする身体挙措が必要であり、「見ること」と「見られること」の交錯が必要である。

オリンピックや海外サッカーなど、スポーツの分野でも常にこれは見られるわけです。私は海外サッカーを観戦するのが趣味なのですが、イングリッシュ・プレミアリーグなどを見ていると、ほとんど毎試合のように試合前、誰かそのチームの関係者が亡くなったというので黙禱《もくとう》が捧げられ、人種差別反対のパフォーマンスが行われ、そしてチームの旗やシンボルが掲げられ、歌が歌われるのを見ることになる。現代フットボールは多国籍企業が支配する世界の「サーカス」に他ならない、と批判的な視座を保とうとしても、つい惹き込まれそうになる（笑）。つまるところ、ある「身体」が「削り出される」場所においては、すなわちある様式の「主体」が「設定される」時空においては、必ずこうした儀礼が必要になるんですね。

ここで丁寧に区別をつけたい。こうした「身体を調教し、主体を設定する」儀礼自体は、何もやましいことはないということです。それはまさにニーチェの言う「善悪の彼岸」にある。旗やバッジ、記念する建築物、歌、ユニフォーム、すなわち「儀礼」であるとともに「祭り」を構成するこうした感性に訴えるものたちなしに、人間が統治されたためしはない。儀礼がない社会は存在しないのです。繰り返します。こうした社会に抵抗しようとする側も必ず歌を歌い出し、踊り出し、揃いのTシャツを着始めるのです。儀礼を解消することはできません。その儀礼自体が古くさく、新陳代謝を失ってわれわれの生身の生活に即していないか、その儀礼が「悪しき」主体を、差別や虐殺や植民地主義や、「死の搾取」を生み出している時に――そうした儀礼が廃棄されねばならないだけです。儀礼そのものは、善でも悪でもないのです。

こうしたことに、これまでの哲学者たちは無自覚でした。儀礼や儀式など社会学か人類学か何かの調査対象であって、哲学とは関係ないと。しかし、その哲学者たちも葬礼には出て涙を流し、大学で博士号を取得したときには儀式には出たはずです。どころか、大学教員として大学の儀礼には出席し、知識人の儀礼としての学会・シンポジウムには嬉々として出たりする。これは足元を見ない態度です。ナチズムに加担したハイデガーと同じく、虐殺を繰り返すシオニズムを擁護する現今のヨーロッパの哲学者たちは、いかなる儀礼に参加しいかなる主体として自らを「設定」してきたのか、と私は問いたい。

実際、フランス革命を目前にしたフリードリヒ・フォン・シラー——あの「歓喜の歌」のシラーです——が語ったように、社会的変革の問題は究極のところ教育の問題に行き着くのです。革命が進行する最中、同時代人としてその革命に賛同しつつ、彼はこの革命がいかに「むなしい望み」として失敗に終わらざるを得ないかを論じているんですね。つまり、「下からの」ものであったはずの革命が、いつの間にか「上からの」革命に成り果て、いかに失敗するかを。まだ彼の発言は変革を求める人々が傾聴すべきものを持っていると、私は思います。

個々の主体が「革命的な主体」として設定されていないのならば、革命はつねに「トップダウン」式の、独裁にしかならなくなる。それを「ボトムアップ」式の、言うなれば民主的なものにするためには、個々の主体が「再設定」されていなければならない。シラーは、この「再設定」の手続きを人間を作り出す「藝術」、「教育的なそして政治的な藝術家」による「藝術」であると言う。そして、ここまで理路を経巡ってきたわれわれからすれば、この「人間を製造」する「藝術」、すなわち「教育」は「儀礼」なのです。新しい社会のためには、新しい儀礼による、新しい主体の形成が必要だ、と。それなしには、いかなる革命も独裁に終わるであろう、と。

しかし、ここはとても難しいところです。いかなる儀礼を置けば、いかなる主体が形成されるかには、偶然の入り込む余地がある。一歩間違えれば悲惨な未来を招きかねないところである。しかし、「儀礼をするヒト」であるところの人類は、歴史の曙光《しょこう》の瞬間から、つねにこの問いと向き合ってきたと言っていい。また、この問いが解消されることは永遠にないでしょう。なぜなら、それは人が人たる所以《ゆえん》のところ――「なぜ」と問うことと切り離し得ないからです。

「根拠律」と儀礼

人間は問う生き物である。——この定義に全面的に反対する哲学者はいないでしょう。しかし、その「問い」が——特に「なぜ」という問いが——可能になる時空はどのようにして設定されるのか、これを考えてみなくてはなりません。

ここで「根拠律」の問題が浮上します。文字面はいかめしいですが、これはごく単純なことです。「根拠律」とは「すべてのものが根拠なしにはない」「すべてのものには根拠がある」という命題です。また、ライプニッツからハイデガーに至る哲学の伝統上、これは「すべてのものには理由がある」「すべての結果には原因がある」という命題と同一のものとされています。要するに「すべてのものには根拠があり、理由があり、原因がある」、ということです。

たとえばあなたが私に問いかけるとします。「なぜ儀式が嫌いなのに儀礼は大事だとばかり言っているのか」とか、「先ほどから引用を繰り返しているがなぜニーチェがそんなに好きなのか」とか（笑）、こういう「問いかけ」が可能になるためには、ある前提が必要なはずです。つまり、「すべてのものには理由があるはずだ」という前提があるはずです。子供も物心がつくと「なんで？」「どうして？」と繰り返して、親を困らせたりする。どころか、哲学者のみならずすべての科学者も、原則として「すべてのものに根拠・理由・原因がある」ということを前提としてしか仕事ができません。あどけない子供から高度な専門性を要求される研究者まで、この「根拠律」は共通の前提とされているんですね。われわれはいつの間にか「根拠律」を知っていて、どこかですべてのものには根拠があるのだと思って生きている。

　しかし、です。ここからが重要です。――この「根拠律」自体には根拠がありません。「すべてのものに根拠がある」ということ自体にはなんら根拠はない。すると不思議なことになる。なぜわれわれはこの根拠律を当然なものとして知っているのか。ここで「すべてのものには根拠がある」と信じてなどいないと言い張る向きもあるかもしれません。しかし、「すべてのものに根拠も理由も原因もない」世界は、真の意味で生きうる世界ではない。散歩にでも出ている最中、突然見知らぬ人に根拠もなく刺されてもいいと言うのなら話は別ですが。

話を戻します。「根拠律」に根拠がない以上、われわれはこの「根拠律」をなんらか根拠に基づいて論理的に説得されて知ったのではないはずです。ではなぜいつの間にか体得しているのか。論理的に納得したのではないのですから、それは感性的な反復によって「叩き込まれた」結果であるということになります。すなわち、「根拠律」はわれわれが今論じているような広い意味での「儀礼」を必要とするということになる。感性的なものの上演とその反復において、根拠律を体得した主体が設定され、「彫り出される」のです。

例えば、ある藝術作品が美術館に展示されているとしましょう。これも儀礼的な価値を持つことは見やすい道理です。その絵画なり、彫刻なり、インスタレーションなりが、深い「理《ことわり》」を「上演」していて、それを見るわれわれを

「改変」し、――強い言葉を使えば「再調教」する。ことは根拠律に限りませんが、ここで一つ例を出しましょう。

「救済」と「記憶」の問題

チェーホフの『ワーニャ伯父さん』という戯曲があります。主人公のワーニャが「哲学はよしましょう！」と言うこの作品をここで取り上げていいものか迷いますが（笑）。

これを英国の俳優アンドリュー・スコットが一人芝居として演じたものを「ナショナル・シアター・ライヴ」で最近観たのですが、極めて素晴らしい演技であり、演出でした。そこで戯曲の方を読み返すと、これがとても変な話であることに気が付きます。

冒頭から、なんだかみんなとにかくうんざりしている（笑）。主人公ワーニャは退職した大学教授セレブリャコーフの先妻の兄で、若い頃はセレブリャコーフを崇拝し、田舎の地所を精一杯経営して都会に住む彼に仕送りをして尽くしてきたのですが、突然セレブリャコーフはその地所を見捨てて売り払い、有価証券に変えてその金利で生活し、フィンランドに別荘を買うと言い出す。実はそもそもこの田舎の地所はワーニャの妹である亡くなったセレブリャコーフの先妻の持ち物で、ワーニャはその相続権を放棄するだけではなく、その購入資金の残額を十年かけて汗水垂らして働いて支払っているんですね。それにもかかわらず、セレブリャコーフは処分すると言い出す。長年の労苦を踏みつけにされたワーニャは激昂《げっこう》し、銃を持ち出してセレブリャコーフを撃とうとするが果たせず、自殺もし損ねて生き残ってしまう。両者は曖昧に和解し、この地所に居られなくなったセレブリャコーフは妻とハリコフに向けて旅立つ――というあらすじが描けるといえば描けるのですが、要するに「ほとんど何も起こっていない」のです。無論ワーニャはセレブリャコーフの若い後妻エレーナに、医師にして環境活動家アーストロフもエレーナに、ワーニャの姪でセレブリャコーフの先妻との間に生まれたソーニャはアーストロフに恋をしているし、エレーナもアーストロフに好感を持っているのですが、つまるところ事件らしい事件は何も起こらない。

この戯曲のなかで印象的なテーマが何度か繰り返されます。それは「記憶」

と「神」のテーマなんですね。まず、一見本筋とは関係のない、冒頭のアーストロフの科白です。神西清の翻訳で引用します。

アーストロフ　そう。……この十年のまに、すっかり人間が変ってしまったよ。それもその筈さ。働らきすぎたからなあ、ばあやさん。朝から晩まで、のべつ立ちどおしで、休むまもありゃしない。晩は晩で、毛布《ケット》のしたにちぢこまって、今にも患者から呼び出しが来やしまいかと、びくびくしている始末だ。この十年のあいだ、わたしは一日《いちんち》だって、のんびりした日はなかった。これじゃ、ふけずにいろという方が、よっぽど無理だよ。おまけにさ、毎日毎日の暮しが、退屈で、ばかばかしくて、鼻もちがならないときている。……ずるずると、泥沼へ引きずりこまれるみたいなものさ。

(中略)

この春の初め、伝染病のはやっている、なんとかいう村へ行ったことがあったっけが。……発疹チフスというやつでね。……百姓家は、軒なみに、病人がごろごろしているんだ。……いやその不潔なこと、臭いこと、煙たいこと。ゆかべたには仔牛が、病人と同居しているし……仔豚までそのへんを、うろうろしている始末なのさ。……そこでまる一んち、あくせく働らいて、ちょいと一服するまもないし、これっぽっちの物を、口へ入れる暇もなかった。やっとこさで、家《うち》へ帰ってみると、やっぱり休ましちゃ貰えない。――鉄道から、線路工夫を一人かつぎこんで来てね、手術をしてやろうと、そいつを台の上へ寝かしたら、やっこさん、クロロホルムにかかったなり、ころりと死んじまったじゃないか。ところが、よけいな時に人間らしい感情が、ここんところで（胸をおさえて）目をさましてね、まるでその男を、わざと殺しでもしたみたいに、気が咎めるんだ。……そこで私は坐りこんで、こう目をつぶって――こんなことを考えたよ。百年、二百年あとから、この世に生れてくる人たちは、今こうして、せっせと開拓者の仕事をしているわれわれのことを、有難いと思ってくれるだろうか、とね。ねえ、ばあやさん。そんなこと、思っちゃくれまいねえ。

マリーナ　たとえ人間は忘れても、神様は覚えていて下さいますよ。

こうして医師として身を粉にして働いているアーストロフは、ふと患者を死なせてしまったことを気に病んでいる。このことは、この後にまたさりげなく別の箇所で繰り返されて強調されます。そして、その患者の死に際して、彼は自分たちの仕事と労苦が百年二百年後に誰か記憶してくれているだろうか、と問いかける。乳母マリーナの答えはご覧のとおりです。記憶しているのは神なんですね。ひとは誰も覚えていないかもしれない。

また、アーストロフは医師としての仕事の傍ら、環境活動家として官有林の管理をし、自然保護のために働いて「古い森が根絶やしにならないように、いつも骨折ってらっしゃる」。それはエレーナが語る通りに、「千年たったら、それがどうなるかということを」「ちゃんと考えて」行っている。しかし、本人がワーニャに語ることは、こうです。

こうしたことは実際のところ、正気の沙汰じゃないかもしれん。しかしね、僕のおかげで、伐採の憂目をまぬかれた、百姓たちの森のそばを通りかかったり、じぶんの手で植えつけた若木の林が、ざわざわ鳴るのを聞いたりすると、僕もようやく、風土というものが多少とも、おれの力で左右できるのだということに、思い当るのだ。そして、もし千年ののち人間が仕合せになれるものとすれば、僕の力も幾分はそこらに働いているわけなのだと、そんな気がしてくるのだ。白樺の若木を自分で植えつけて、それがやがて青々と繁って、風に揺られているのを見ると、僕の胸は思わずふくらむのだ。そして僕は……（下男がヴォートカのグラスを盆にのせて来るのを見て）だがしかし……（飲む）もう行かなけりゃならん。まあ結局のところは、こんなことは一さい、正気の沙汰じゃないかもしれないがね。

「こんなことは一さい、正気の沙汰じゃないかもしれない」。アーストロフは医師としてそして環境活動家としてできる限りのことをしている。しかし、彼は百年、二百年、千年後にそれが無に帰するのではないかとおそれている。何も残らず、何者の記憶にも残らないかもしれない——いや、残らないでしょう。

しかしこの「誰の記憶にも残らず無意味に消え失せてしまうかもしれない」という恐怖は、アーストロフだけのものではありません。セレブリャコーフもワーニャも、同じ恐怖を抱えている。ワーニャはセレブリャコーフを次のように批判します。

二十五年のあいだ、あいつが喋ったり書いたりして来たことは、利口な人間にはとうの昔からわかりきったこと、馬鹿な人間にはクソ面白くもないことなんで、つまり二十五年という月日は、夢幻抱沫に等しかったわけなのさ。だのに、やつの自惚れようはどうだい。あの思いあがりようはどうだい。こんど停年でやめて見れば、あいつのことなんか、世間じゃ誰ひとり覚えちゃいない。名もなにもありゃしない。

それにしてもおれは、まんまと一杯くったものだなあ！　あの教授閣下を――あのやくざな痛風やみを、おれは心底《しんそこ》から崇拝して、まるで牛みたいに奴のために働らいて来たのだ！　おれはソーニャと二人で、この地所から、最後の一しずくまで搾り上げてしまった。おれたちは高利貸みたいな真似までして、胡麻の油だの、豌豆まめだの、チーズだのを売りさばいて、自分たちは食う物も食わずに、一銭二銭の小銭から何千という金を積み上げて、あいつに仕送りしてやったのだ。おれは、あいつやあいつの学問が自慢で、それがおれの生甲斐でもあれば励みでもあったのだ！　あいつの言うこと書くこと、みんなおれには素晴らしい天才的なものに思えた。……ふん、ところが今はどうだい。あいつがいざ退職してみれば、あいつが一生かかって何をやり上げたか、今じゃすっかり見透しだ。あいつが死んだあと、一ページの仕事だって残るものか。あいつは名もない馬の骨だ、ゼロだ！　シャボンの泡だ！　おれはまんまと騙されたんだ……今こそわかった――きれいさっぱり騙されたんだ。……

セレブリャコーフも、彼の仕事も「誰も覚えちゃいない」し、「ゼロ」である。それはその通りなのでしょう。しかし、ならばそのセレブリャコーフを崇拝し自分の人生を抛《なげう》ってきたワーニャその人の人生も「シャボンの泡」にならざるを得ない。「自分の一生はもう駄目だ、取り返しがつかない、という考えが、まるで主《ぬし》か魔物のように、よる昼たえまなしに、僕の胸におっかぶさっているのです。過ぎ去った日の、思い出もない。くだらんことに、のめのめと浪費してしまったからです」とワーニャ自身が語るのも当然です。悲嘆に暮れるワーニャに、アーストロフは次のように語ります。

そりゃ百年二百年たったあとで、この世に生れてくる人たちは、みじめなわれわれが、こんなにばかばかしい、こんなに味けない生涯を送ったことを、さだめし軽蔑するだろう。そして、なんとか仕合せにやっていく手を、見つけだすかもしれない。だが、われわれは結局……。いや、われわれにはお互い、たった一つだけ希望がある。その希望というのは、われわれがお棺の中で目をつぶった時、何か幻が、訪れて来てくれはしまいかということだ。それも、何かしら楽しい幻がね。

そしてセレブリャコーフ夫婦が立ち去ったあと、ソーニャはワーニャに次のように語りかけます。有名な箇所ですね。

ワーニャ　（ソーニャの髪の毛を撫でながら）ソーニャ、わたしはつらい。わたしのこのつらさがわかってくれたらなあ！

ソーニャ　でも、仕方がないわ、生きていかなければ！（間）ね、ワーニャ伯父さん、生きていきましょうよ。長い、はてしないその日その日を、いつ明けるとも知れない夜また夜を、じっと生き通していきましょうね。運命がわたしたちにくだす試みを、辛抱づよく、じっとこらえて行きましょうね。今のうちも、やがて年をとってからも、片時も休まずに、人のために働らきましょうね。そして、やがてその時が来たら、素直に死んで行きましょうね。あの世へ行ったら、どんなに私たちが苦しかったか、どんなに涙を流したか、どんなにつらい一生を送って来たか、それを残らず申し上げましょうね。すると神様は、まあ気の毒に、と思ってくださる。その時こそ伯父さん、ねえ伯父さん、あなたにも私にも、明るい、すばらしい、なんとも言えない生活がひらけて、まあ嬉しい！　と、思わず声をあげるのよ。

この箇所をして、「絶望のなかの一抹の希望」だとする評言が多いようです。が、百歩譲ってそれを希望とするにしても、それは「死の希望」に他ならない。死後、神が自分たちのことを「救って」くれる。それがアーストロフの言う「何かしら楽しい幻」であり、ソーニャが言う「明るい、すばらしい、なんとも言えない生活」です。

——この戯曲が繰り返し語るテーマ、それは「記憶」と「救済」です。むしろ、「救済の不在」と言っていい。われわれは苦労して生きていて、そして無意味に死ぬ。それだけではない、その生き死にを誰も覚えていてはくれない。実際、私は死ぬ。あなたも死ぬ。そして、アーストロフの言うように百年後、二百年後、千年後——誰がわれわれのことを覚えているでしょうか。

はっきり言いましょう。誰も覚えてなどいません。

例えばイエス・キリストの存在は記憶されているではないか、と思われる向きもあるかもしれない。しかし、大学院時代、初期キリスト教研究の大家の講義で知ったことを懐かしく思い出すのですが、最も厳密な意味でイエスについて確証できる事実は二つだけ、「紀元元年前後に生まれた」「男だった」という二つの事実だけなのだそうです。そしてまた、おそらく彼は「キリスト教」という新しい宗教を作り出そうとしていたのではない。ユダヤ教の改革運動の一リーダーに過ぎなかった。彼の事績が伝えられ、われわれのところまで届いているのは偶然に過ぎない。そして彼の真実の姿が記憶されているとは限らないのです。

繰り返します。われわれは死ぬ。そしてその生と死を、誰も覚えていてはくれないのです。

——そこで要請されるのが「神」です。神は無限の記憶装置であり、「われわれを覚えていてくれる」のです。最後の審判のとき、万人は復活すると言います。まさかヨハネ黙示録を典拠に連ねるまでもないかと思いますが、そこで裁きが下される。しかし、裁きを下しうると言うことは、その人がどのように生き、どのように死んでいったかを神は覚えていてくれるということです。しかし、これは何も一神教に限った話ではありません。例えば、インドでは最近まで、ガンジス河に屍体を流すと、神なるガンジス河はその人のことを永遠に覚えていてくれるという信仰があったそうです。この「記憶している」ことそのものが「救済」なのです。

だが神は死んだ！　われわれの生は雲散霧消する！　だがそれがそのまま喜劇とならなくてはならない！――とニーチェ流に卒然と断言してこの本を終えてもいいのですが、それはあまりに不親切でしょう（笑）。もう少し委曲を尽くして、続けましょう。

この本の最初で語ったように、われわれは何も許可した覚えはないのに生まれ落ちてきて、そして生まれた以上は必ず死ななくてはならない。その間、幸福だの成功だのと言っても、それは極めてあやふやなものです。そして、われわれがどんなに努力して「良く」生きても、われわれのことを誰も覚えていない。われわれは虚しく生きて死に、忘れ去られてしまう。そして、それだけではない。ワーニャは次のようにも語っています。

どうにかしてくれ！　ああ、やりきれん。……僕はもう四十七だ。かりに、六十まで生きるとすると、まだあと十三年ある。長いなあ！　その十三年を、僕はどう生きていけばいいんだ。どんなことをして、その日その日を埋《うず》めていったらいいんだ。ねえ、君……

「時をたたせる為に」。ここに「倦怠」の問題が浮上するのです。われわれは生まれた以上死なねばならない。長い歴史の中では一瞬の生です。ですが、百年後には誰の記憶にも残らず、無意味になるであろう生を「とりあえず」生きるとすれば、人生はあまりにも長いのです。

「どんなことをして、その日その日を埋めていったらいいんだ」。誰もが知っている、あの時間が「経っていかない」倦怠が、すべてを緩やかに重くする。生きるということは「居ても、立っても、いられない」ということです。何に倦怠しているというのではないのです。倦怠は不安のように対象を持つことがありません。意味を剝奪《はくだつ》された生は短いと同時に、あまりにも長い。ふと、何をしたいのかも何をしていたらいいのかもわからなくなる、あの茫漠とした堪え難さだけがそこにある。「人生は死ぬまでの暇つぶし」というよくある科白すら、そこでは逃げ口上に過ぎない。繰り返します。「生まれてくることを強制されて、それ以上は死なねばならず、そしてその生き死には誰にも記憶されず、無意味に消え果てるばかりである」ということを見つめ続ける、ということが「生」そのものであり、「倦怠」そのものであるからです。

酷《むご》いことを言うとお思いですか。しかし、あなたはこのことを知っていたはずです。哲学は、全く新しい情報をあなたに与えるものではない。むしろ、言われてみれば知っていたことを、新たに喚起することが哲学の役目です。

ここまでが哲学の最初の問題であり、最後の問題です。入門すべき最初の門であり、出口のない最後の門です。哲学は真理を語ります。これが真理です。このことを避けて通るものは哲学ではありません。おわかりでしょうか。

さて、――ここで終わりにはならないのです。そもそも、『ワーニャ伯父さん』を引用したのは何のためか、思い出してください。そう、それは儀礼の一つの例として持ち出されたものでした。

『ワーニャ伯父さん』のみならず、チェーホフの演劇は喜劇なのかそうではないのか、という議論は今に至るまでなされています。四大戯曲のなかで二つが「喜劇」とはっきり題されているがゆえに、議論はますます混乱を深めます。

しかし、――アンドリュー・スコットがあまりに見事に、凄絶なまで見事に演じているように、私はこれを喜劇だと思う。実際、上演されていた劇場は笑いにあふれていました。すると、こういうことになる。

儀礼として『ワーニャ伯父さん』を上演し、それを見ること。これは死を笑うことなのです。死の定めを、生の無意味さを笑うことである。死を笑うことを学び、その無意味さを笑うことを学び、――救いのなさを笑うことができる主体として自らを再設定することなのです。

無論、アントニ・ガウディのようにはいきません。――実は最近はじめてバルセロナに行きサグラダ・ファミリアを本当に見たのですが（笑）。

ガウディは自らの手になるサグラダ・ファミリアの完成を見ることができないことを知っていました。そのことについて、ガウディの盟友であるカタルーニャの詩人ジュアン・マラガイは次のように述べています。ガウディ研究者の鳥居《とりい》徳敏《とくとし》氏の著作から引用しましょう。

終りなき形成の何という喜びであろうか。この聖堂の建設に一生の生命《いのち》以上のものを捧げている男が、慎み深くも、その完成を見ようともせず、後世の人々に建設の継続と完成を託していることを私は知っている。この慎み深さと自己犠牲のしたたに、神秘主義者の夢と詩人のとぎすまされた楽しみとが脈動しているのだ。なぜなら、一人の生命《いのち》よりも長い歳月を要する作品に、また、将来の幾世代もの人々がつぎこまなければならない作品に、その人の全生涯を捧げること以上に、さらに意味深く、より美しい目的があるとでもいうのであろうか。こうした仕事が一人の男にどれほどの安心をもたらすことであろうか、時と死に対する何というさげすみであろうか、永遠に生きることの何という保証であろうか。

「時と死に対する何というさげすみであろうか、永遠に生きることの何という保証であろうか」。自らその完成を見ることのない、未完成のサグラダ・ファミリアの建設に献身することは、「時と死」すなわち有限なる生への「さげすみ」である。力強い断言であり、サグラダ・ファミリアを訪問したことがある人ならば誰でも頷《うなず》く発言です。しかし、これはキリスト教信仰に基づくものです。死を通じて永遠の生を見出す一神教の教義に裏打ちされている。

われわれがそれを信じ得ないとすれば——おそらく死をさげすむことはできない。しかし、死を笑うことはできるはずです。救いの無さを笑うことができる主体として、自らを再設定することはできる。そこに藝術というものの本質的な意味があるし、藝術に儀礼性を見ることの価値がある。

冒頭に述べたことを繰り返しましょう。

あなたは死ぬ。そして私も死にます。人間は生まれてくることを選べません。それなのに、生まれてきた以上は死ななければならないのです。こんな理不尽なことがあるでしょうか。

自分が生まれてくる前に、「生まれますか？」「生まれていいですか？」と聞かれて、イエスと答えて生まれて来た人は誰もいない。さらに、どこに、どの時代に、誰を親として生まれるかすら全く選べない。そしてまた、人間というものは不思議なもので、死んだこともないくせに死ぬのは怖いわけです。何も許可した覚えはない、同意した覚えはないのに産み落とされ、生まれてきて、そして生きている以上はいつか死なねばならない。そして、──百年か千年かすれば、われわれのことを覚えている人は誰一人いないのです。

ただ、われわれには藝術があり、そこでこの定めを笑うことを学ぶことができる。この定めを悲劇ではなく喜劇とすることができる。そこから、陽気に、快活に、哄笑《こうしょう》しつつこの定めを生き抜くことができるようになるかもしれないのです。

藝術こそが、「遥か彼方で瞬いてくれる燈火《ともしび》」（アーストロフ）なのです。

以上です。哲学入門はこれで終わりです。ここからは藝術の問題です。

跋

――とはいえ、まだ釈然としない向きもあるかもしれません。いくら藝術という燈火があるとはいえ、生まれ、生き、死んでいくことが無意味になることには変わりがないではないかと。

神ならぬ誰かが覚えていてくれることがない自分の生は無意味ではなかろうか。あなたがそう思うのは当然です。しかし、それは話の前提が違うのです。

自分の生に意味があるかどうかは問題ではない。意味は与えられるものではありません。むしろあなたが意味を与える側なのです。そうではないでしょうか。近しく慣れ親しんだ誰かでも、遠く憧れる誰かでもよろしい。その人が深く絶望し、自らの生には何の意味もなかったとくずおれている時に――いや、決してあなたの生は無意味ではない！　と断言できる誰かが、あなたにもおられるでしょう。あなたが意味を与えるのです。その大切な誰かに。そして、この「意味を与える」ことが、愛するということでなくて何でしょうか。

いくらわれわれの生と死が果敢無《はかな》くなっていくばかりだとしても、われわれには意味を与える力は残されている。では、われわれにはいかなる強大な力が残されていることになるのか――もはや説明を要しないでしょう。

草思社の渡邉大介氏と、装幀を担当してくださった岡澤理奈氏に感謝します。

佐々木中

二〇二四年　晩夏

著者略歴

佐々木 中（ささき あたる）

一九七三年青森県生まれ。哲学者、作家。水戸第一高校中退。東京大学文学部卒業、東京大学大学院人文社会系研究科基礎文化研究専攻博士課程修了。博士（文学）。京都精華大学教員。二〇二〇年うつ病と診断され、闘病を経て現在寛解に至る。『定本 夜戦と永遠──フーコー・ラカン・ルジャンドル』（河出文庫）、『切りとれ、あの祈る手を──〈本〉と〈革命〉をめぐる五つの夜話』（河出書房新社）など著書多数。訳書にフリードリヒ・ニーチェ『ツァラトゥストラかく語りき』（河出文庫）。

万人《ばんにん》のための哲学入門《てつがくにゅうもん》 この死《し》を謳歌《おうか》する

2024年11月20日　第1刷発行
2025年2月27日　第3刷発行

著　者　佐々木《ささき》 中《あたる》
装幀者　岡澤理奈
発行者　碇高明
発行所　株式会社草思社
〒160-0022
東京都新宿区新宿1-10-1
電話 営業 03(4580)7676　編集 03(4580)7680

本文組版　株式会社アジュール
本文印刷　株式会社三陽社
付物印刷　株式会社平河工業社
製本所　加藤製本株式会社

ISBN978-4-7942-2758-4 Printed in Japan　検印省略

草思社刊

書く、読む、生きる

古井由吉 著

作家稼業、書くことと読むこと——。日本文学の巨星が遺した講演録、単行本未収録エッセイ、芥川賞選評を集成。深奥な認識を唯一無二の口調、文体で語り、綴る。

本体 2,200円

連れ連れに文学を語る
古井由吉対談集成

古井由吉 著

グラスを片手にパイプを燻らせ、文学そして世界の実相を語る。八〇年代から晩年までの単行本未収録インタヴュー、対談録を精撰。楽しくて滋味豊かな文学談義十二篇。

本体 2,200円

古井由吉翻訳集成
ムージル・リルケ篇

古井由吉 訳

論理と音韻が共振れする日本語に移された圧倒的訳業！ ムージル二作品はムージル著作集版を底本とし、リルケは散文訳「ドゥイノ・エレギー訳文」全十歌を収録。

本体 2,600円

〔文庫〕
改訂新版 楽天の日々

古井由吉 著

恐怖が実相であり、平穏は有難い仮象にすぎない。何も変わりはしない——。日本文学の巨星が遺した晩年のエッセイを集成。解説＝佐々木中「古井文学は万人の歌となる」

本体 1,500円

＊定価は本体価格に消費税を加えた金額になります。

草思社刊

世界大富豪列伝 19-20世紀篇 20-21世紀篇

福田和也 著

一番、金の使い方が巧かったのは誰だろう？ 孤独で、愉快、そして燃えるような使命感を持った傑物たちの人生を、一読忘れ難い、鮮烈なエピソードを満載して描く。

本体 各 1,600円

論語清談

西部邁 著
福田和也 著
木村岳雄 監修

いかに生き、いかに死ぬか。稀代の思想家・西部邁と文芸批評家・福田和也が、主要な言葉、エピソードを辿りながら、『論語』のエッセンスを縦横無尽に語り合う。

本体 1,600円

放蕩の果て 自叙伝的批評集

福田和也 著

耽溺してきた文学、演劇、映画、美術、音楽、酒、料理、旅の記憶を回想しながら、友人や師、両親との交流を自叙伝的に描く渾身の傑作批評集。復活への祈りの書。

本体 2,500円

［文庫］ 前-哲学的 初期論文集

内田樹 著

フランス文学・哲学関連の論文を集成。偏愛するレヴィナス、ブランショ、カミュを題材に、緊張感溢れる文章で綴られた全七篇。倫理的なテーマに真摯に向き合う。

本体 1,200円

＊定価は本体価格に消費税を加えた金額になります。